El Juramento de Lealtad

Aaron Carr

Los símbolos estadounidenses

LIGHTBOX
openlightbox.com

LIGHTBOX

Entre a
www.openlightbox.com
e ingrese el código único
de este libro.

CÓDIGO DE ACCESO

LBK64777

Lightbox es una completa solución digital para enseñar y aprender temas curriculares de una manera original e innovadora. Lightbox se basa en las Normas Curriculares Nacionales.

OPTIMIZADO PARA

- ✓ **TABLETAS**
- ✓ **PIZARRAS ELECTRÓNICAS**
- ✓ **COMPUTADORAS**
- ✓ **¡Y MUCHO MÁS!**

CARACTERÍSTICAS ESTÁNDAR DE LIGHTBOX

AUDIO Narraciones de alta calidad con sistema de texto a voz

VIDEOS Videoclips de alta definición incorporados

ACTIVIDADES PDFs imprimibles que pueden enviarse por correo electrónico y calificarse

ENLACES WEB Enlaces cuidadosamente seleccionados con recursos seguros para niños

PRESENTACIÓN EN DIAPOSITIVAS Ilustraciones gráficas de los conceptos clave

MAPAS INTERACTIVOS Mapas interactivos e imágenes satelitales aéreas

QUIZ **CUESTIONARIOS** Diez preguntas de elección multiple con puntaje automático que se envían por correo electrónico al docente para su evaluación

PALABRAS CLAVE Combinación de los conceptos clave con sus definiciones

VIDEOS

ENLACES WEB

PRESENTACIÓN EN DIAPOSITIVAS

CUESTIONARIOS

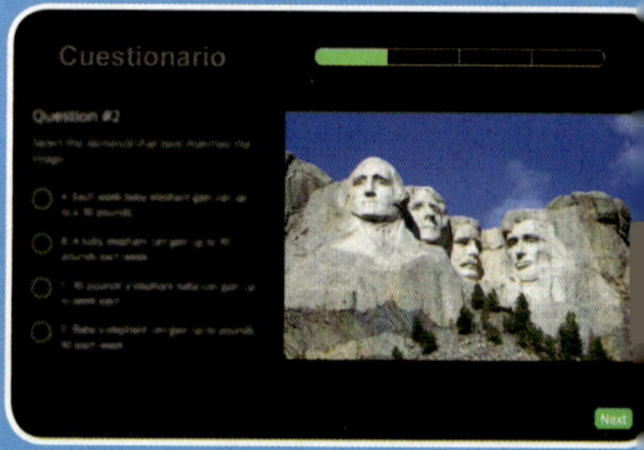

El Juramento de Lealtad

Contenidos

El Juramento de Lealtad

El Juramento de Lealtad es la promesa de honrar la bandera de los Estados Unidos. Los estadounidenses hacen el juramento para demostrar que aman a su país.

Juro lealtad a la bandera

de los Estados Unidos de América

y a la república

por la que se sostiene,

una nación, bajo Dios, indivisible,

con libertad y justicia para todos.

Un símbolo de unidad

El Juramento de Lealtad fue escrito después de la finalización de la Guerra Civil. El juramento se convirtió en el símbolo de un país unido.

El texto del juramento

El juramento fue escrito por un hombre llamado Francis Bellamy y se publicó en una revista en 1892.

Francis Bellamy escribió el **primer** texto del juramento en **dos horas**.

El primer juramento

El Juramento de Lealtad fue enviado a todas las escuelas del país. Los niños hacían su juramento durante un acto especial.

El primer Juramento de Lealtad se hizo por **primera vez** en las escuelas durante un acto por el **Día del Descubrimiento de América**.

El saludo a la bandera

Al hacer el Juramento de Lealtad, la gente mira a la bandera. Se solía saludar a la bandera con el brazo derecho.

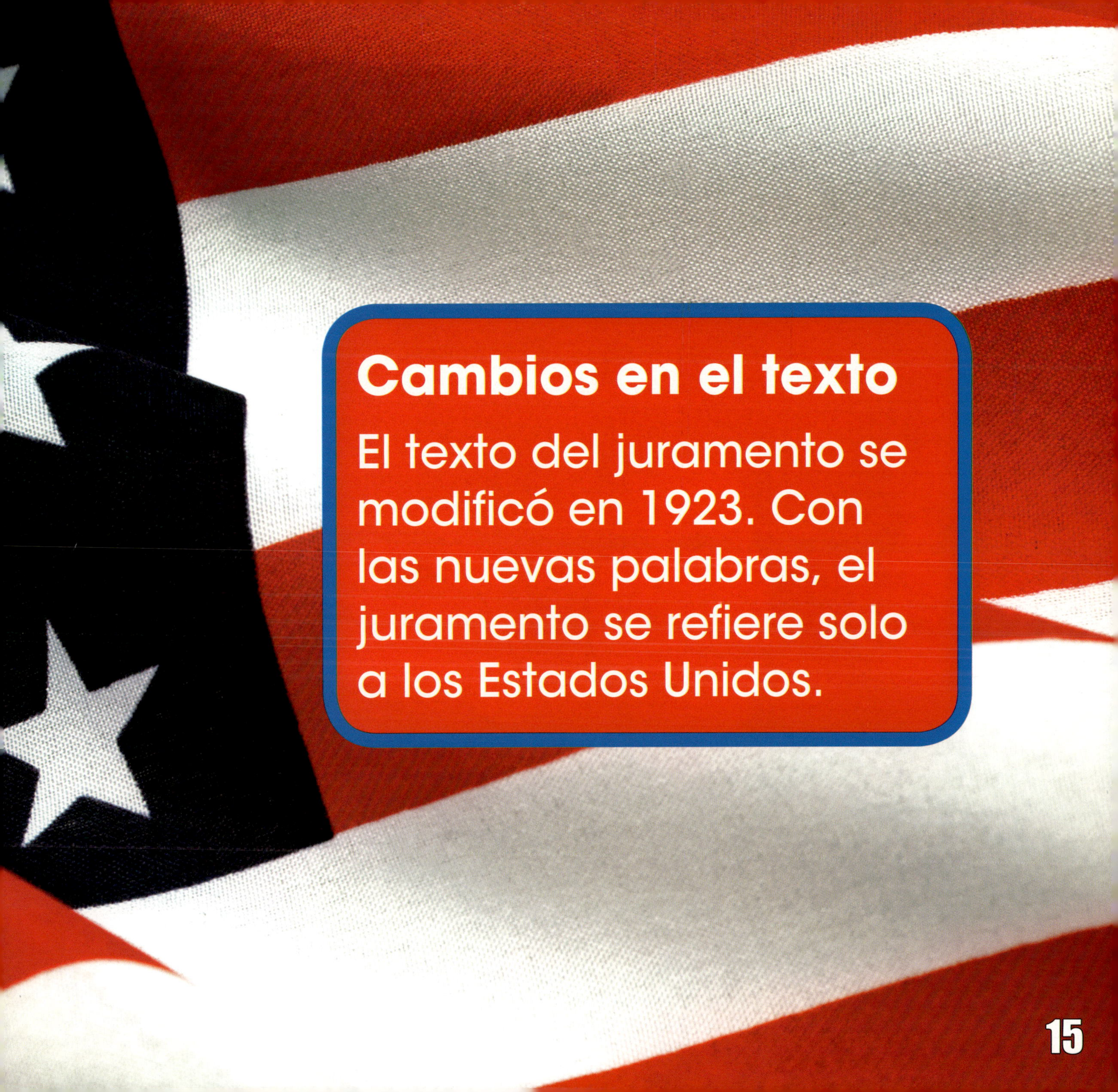

Cambios en el texto

El texto del juramento se modificó en 1923. Con las nuevas palabras, el juramento se refiere solo a los Estados Unidos.

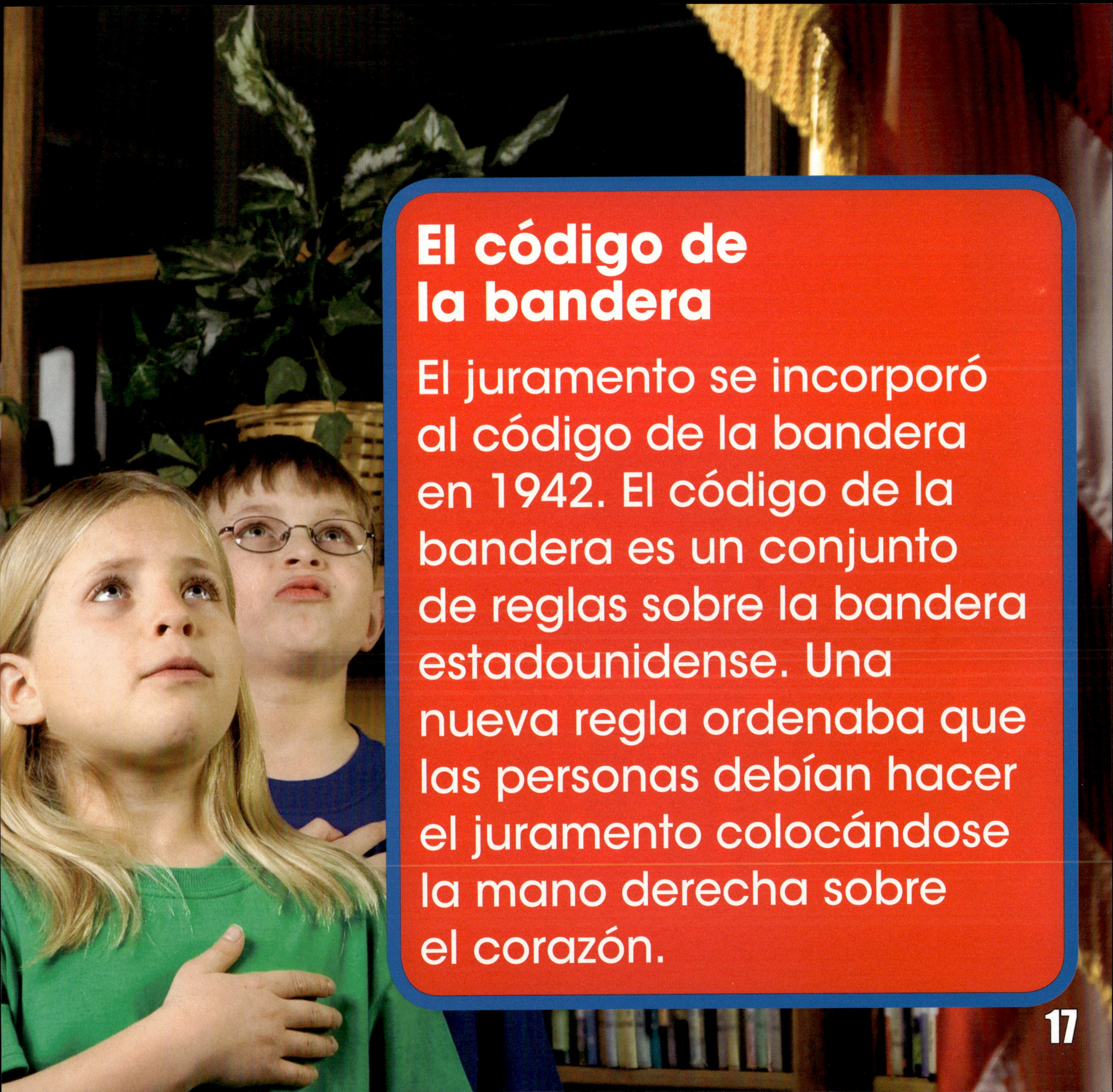

El código de la bandera

El juramento se incorporó al código de la bandera en 1942. El código de la bandera es un conjunto de reglas sobre la bandera estadounidense. Una nueva regla ordenaba que las personas debían hacer el juramento colocándose la mano derecha sobre el corazón.

Otro cambio

En 1954 se realizó otro cambio en el juramento. Se agregaron las palabras "bajo Dios" al juramento. Desde entonces, no se ha vuelto a modificar.

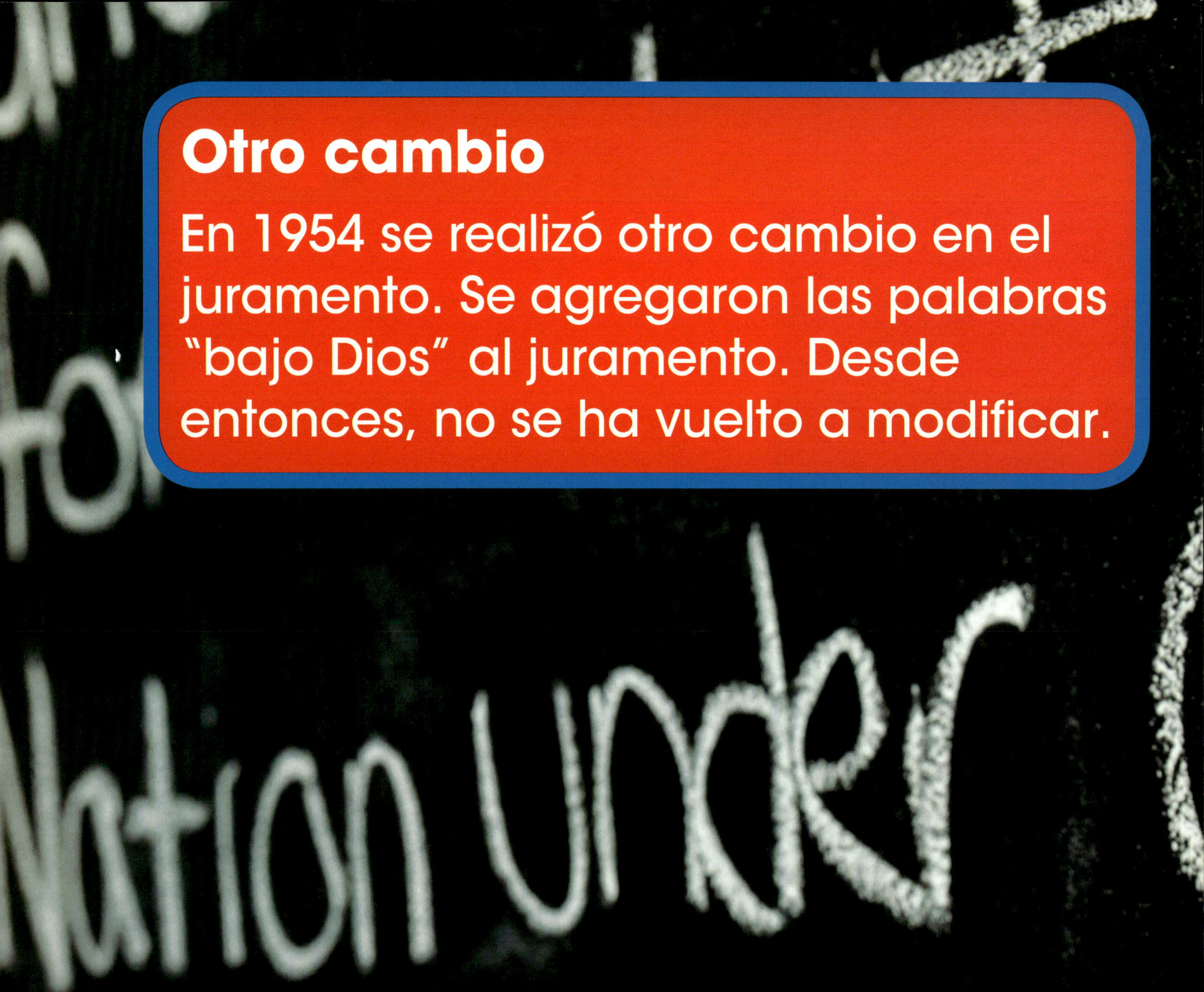

Desde **1954**, el Juramento de Lealtad ha tenido **31 palabras**.

El Juramento de Lealtad hoy

En la actualidad, la gente puede elegir si desea hacer o no el juramento. Todavía se hace en muchas escuelas del país. También se lo recita al comienzo de las reuniones gubernamentales.

En **1943**, la **Corte Suprema de los Estados Unidos** decidió que la gente podía optar por hacer o no el juramento.

DATOS SOBRE EL JURAMENTO DE LEALTAD

Estas páginas contienen más detalles sobre los interesantes datos de este libro. Están dirigidas a los adultos para que ayuden a los jóvenes lectores a redondear sus conocimientos sobre cada símbolo nacional presentado en la serie *Los símbolos estadounidenses*.

Páginas 4–5

El Juramento de Lealtad. El Juramento de Lealtad se creó como una muestra de patriotismo. La intención era que coincidiera con la conmemoración de los 400 años de la llegada de Cristóbal Colón al Nuevo Mundo. Se planificó un feriado nacional para octubre de 1892 para celebrar la ocasión, y el juramento sería parte del evento.

Páginas 6–7

Un símbolo de unidad. Habiendo finalizado la Guerra Civil solo 27 años antes, el Juramento de Lealtad se convirtió rápidamente en un símbolo de la unidad nacional. También se lo reconoció como un breve resumen de las creencias fundamentales de libertad y justicia sobre las que se construyeron los Estados Unidos. Así, pronto el juramento pasó a ser un símbolo representativo de la nación y su gente.

Páginas 8–9

El texto del juramento. El juramento fue escrito en 1892 por Frances Bellamy, un ministro bautista de Nueva York. En septiembre de ese año, se lo publicó en una revista llamada *"The Youth´s Companion"*, sin mencionar al autor. El hecho de no haber mencionado al autor originó un problema más adelante cuando tanto Bellamy como el editor de la revista, James B. Upham, reclamaron su autoría. Después de una investigación, se declaró que el autor había sido Bellamy.

Páginas 10–11

El primer juramento. Los alumnos de las escuelas de todo el país hicieron por primera vez el Juramento de Lealtad en octubre de 1892. Como parte de la celebración nacional por el Día del Descubrimiento de América, se recitó el juramento al unísono mientras se izaba la bandera estadounidense para finalizar las ceremonias. Las escuelas rápidamente adoptaron el juramento y pronto se convirtió en algo habitual en muchas de las aulas.

Páginas 12–13

El saludo a la bandera. El Juramento de Lealtad debía ser hecho mirando a la bandera estadounidense. Había que pararse firme y extender el brazo derecho. La mano derecha debía estar abierta y el brazo levantado formando un ángulo recto. Este se hizo conocido como el Saludo de Bellamy, por ser el autor del juramento.

Páginas 14–15

Cambios en el texto. En 1923, el texto del juramento se modificó por primera vez. Bellamy lo había escrito originalmente para que puediera usarse en cualquier país, pero a los políticos les preocupaba que los nuevos ciudadanos pudieran decir el juramento pensando en la bandera de su antiguo país. Se solucionó cambiando "mi bandera" por "la bandera de los Estados Unidos". Un año más tarde, se le agregó "de América".

Páginas 16–17

El código de la bandera. En 1942, el Juramento de Lealtad se incorporó oficialmente al Código de la Bandera de los Estados Unidos. Con la Segunda Guerra Mundial desarrollándose en Europa, los estadounidenses comenzaron a sentirse incómodos con el Saludo de Bellamy. Lo veían muy parecido al saludo que usaban sus enemigos, los nazis y los fascistas. Con la sanción del código de la bandera, el Congreso cambió el saludo.

Páginas 18–19

Otro cambio. En 1954, se hizo un último cambio en el Juramento de Lealtad. Se le agregaron las palabras "bajo Dios", porque el gobierno de turno quería destacar que los asuntos del país eran guiados por Dios. El presidente Dwight Eisenhower promulgó el cambio el 14 de junio.

Páginas 20–21

El Juramento de Lealtad hoy. El Juramento de Lealtad se continúa haciendo en todo el país, pero la gente tiene el derecho constitucional de elegir si hacerlo o no. Al menos 45 estados les dan a los alumnos un tiempo para que lo reciten en la escuela. Cada escuela, docente y alumno tiene el derecho de decidir si usar ese tiempo o no.

Published by Smartbook Media Inc.
350 5th Avenue, 59th Floor New York, NY 10118
Website: www.openlightbox.com

Library of Congress Control Number: 2017961966

ISBN 978-1-5105-3380-6 (hardcover)
ISBN 978-1-5105-3381-3 (multi-user eBook)

Printed in the United States of America in Brainerd, Minnesota
1 2 3 4 5 6 7 8 9 0 22 21 20 19 18

012018
011518

Spanish Project coordinator: Sara Cucini
Spanish Editor: Translation Services USA
English Project coordinator: John Willis
Designer: Ana María Vidal

Every reasonable effort has been made to trace ownership and to obtain permission to reprint copyright material. The publisher would be pleased to have any errors or omissions brought to its attention so that they may be corrected in subsequent printings.

The publisher acknowledges Corbis, Dreamstime, Getty Images, and iStock as its primary image suppliers for this title.